AF243015

I n.º 20100
Ä

DISCOVRS
Funebre,

SVR LA MORT DE MON-
seigneur le premier President.

Par le Sieur de Chambonne.

A PARIS,
Et se vendenr par Pierre Laurain.

M. DC. XXVII.
Auec Permißion.

[illegible]

DISCOVRS
FVNEBRE.

Sur la mort de Monseigneur le
premier President.

C'EST maintenant, belle & chaste Nymphe qu'il faut que vous changiez d'habit, & que la face triste, les cheueux espars, toute esploree regrettiez la mort de celui qui a surpassé le plus prudent & plus docte homme qui aie

iamais esté veu dans l'Assem-
blée de l'Areopage.

De Verdun est mort, pour
r'entrer dans vne seconde vie,
Mourát il vo⁹ a priuée du plus
beau lustre qui orne vostre
visage, oüy Nymphe qui pre-
sidez par tout equitable Iu-
stiee, arrachez de regret le bá-
deau qui offusque vostreveuë,
qui fait que vous estes esgalle
à tous, afin de tarir les ruis-
seaux de larmes qui coulent
de vos yeux à ceste funeste
nouuelle.

Quoy dirons nous que ceste
fille sans pitiè qui ne respecte
personne, & qui aueuglesçait
bien le mal qu'elle fait, a tran-
ché le fil de sa vie auant le téps,

à peine ceux qui l'auront co-
gneu se laisseront emporter à
ceste creance, où cruelle ils di-
ront que la crainte que tu a-
uois de l'impuissance de ton
cyseau n'eust assez de force
pour le priuer de vie s'il re-
stoit d'auantage dans le monde, t'en a fait auancer le cours.
Celuy, dis-ie, qui apres auoir
esté honoré de tant de belles
charges est mort, & le sort la
cótrainct de payer, quoy qu'il
séblast immortel, de payer le
tribut à la Mere cómune. Bien
qu'il fnst enuoyé ça bas cóme
vn œil tout voyant, pour que-
rir le mal que font tant de chi-
caneries, & prendre en main la
cause de la Vesue & des Or-

phelins oppreſſez. Il eſtoit
ce foudre de *Iuſtice*, qui ſça-
uoit des ſes mains rendre le
bien à ceux à qui iuſtement il
appartenoit, & en deſpit de
tant d'oppreſſeurs du peuple,
faiſoit paroiſtre l'equité par
tout où il eſtoit appellé, & ſui-
uant ſon indiſſible ſoing, & ſa
clemence il rendoit la *Iuſtice*
auec ordre. Auſſi il fut choiſi
parmy tant de rares eſprits qui
embelliſſent noſtre France,
comme vn parfaict exemplai-
re de tout bien, & tiré d'vne
honorable charge, pour eſtre
employé à vne plus gráde dans
ce gtand Sanat de Paris, afin
que chacun admirant ſa vertu
inimitable ſuiuiſt ſes actions

vertueuſes.

Il viuoit ſans vengeance, ſçachant qu'elle n'eſtoit bien ſeante â vn Iuſticier, ains au contraire, eſtoit gratieux & douxà toutes ſortes de perſonnes, ne preferoit le riche au moindre : ains enclin à ſecourir les pauures, & pour dóner à ceſte grande & celebre compagnie, dont il eſtoit le Chef, ſujet de ſuiure les traces de ſes bonnes mœurs. Il viuoit comme en vn Theatre ouuert, eſtát veu de tous coſtez, & ainſi que le Roy des filles du Ciel volette ſauourant la douceur d'vn parterre eſmaillé de fleurs. Ce ſage & bien aduiſé Preſident, comme Roy de ſa troup-

pe sans pointes d'aucunes pas-
sions, recueilloit les aduis de
ceux qui l'assistoient à rendre
ses iuridiques Arrests qu'il ré-
doit d'vn parler graue, balécez
par sa prudence?

Qui est celuy qui ait faict
profession de la Iurisprudéce,
& aie entédu les harágues qu'il
a faictes à l'ouuerture de plusieurs Parlemens, n'ait admiré
son sçauoir, tant son discours
estoit docte & plain d'eloqué-
ce, l'on peut dire que Mer-
cure luy distilloit en la bouche la douceur de ses paro-
les. C'est ce qui luy a acquis
le credit enuers tout le peuple,
qu'il sçauoit facilement faire
pancher du costé de ses iuste-
incli-

inclinations. Bref à la fortie de
fi doctes difcours , chacun ap-
plaudiffoit en fa faueur , chacun luy donnoit des Eloges,
c'eftoit vn doux Menoices en
fes harangues, dont la voix ex-
plicquoit fi bien fa penfée, &
charmoit d'vn air fi doux les
oreilles des efcoutans, qu'il e-
ftoit aifé aux affiftans de com-
prendre ce qu'il difoit, fembla-
ble au Soleil, il faifoit ainfi que
difent les Mathematiciens de
ce grand Aftre de la terre, le-
quel en fa courfe ne fuit point
totalement le cours du Ciel,
ny auffi n'a pas fon mouue-
ment du tout oppofite, ains
biaifant par vne voye oblique
faict vne ligne qui n'eft trop

violemment roide, ains tour-
noye doucement, & son obli-
quité est cause de la conserua-
tion de toute chose, maintenant le monde en sa tempera-
ture : car il tenoit en toutes
choses le milieu, & s'il sçauoit
bien dire , il sçauoit encore
mieux faire : Mais ainsi que
Solon fut esleu par sa Prudence pour Gouuerneur d'Athe-
nes, il fut tiré pour interpreter
les Loix, dót on le peut à bon
droict nommer le Reforma-
teur, & l'on peut dire de luy ce
que dit Pindare qu'il fit main-
tes illustres actions, afin de faire paroistre son lustre à l'entrée
de sa reception en ses charges.
La premiere fut de Presi,

dent aux Requeſtes du Palais,
puis premier Preſident au Parlement de Thoulouſe, lieu dõt
le feu Roy (Henry le Grand
d'Heureuſe Memoire) le tira
pour venir paroiſtre dans ce
Parlement de Paris, ainſi que
le flãbeau qui eſclaire la nuict
parmy les brillantes Eſtoiles,
ſa gloire depuis n'engendra
point d'ennemis, & côme di-
ſoit Poliductus de Phocion, il
faiſoit admirer en la prononŝ
ciation les Arreſts & la brief-
ueté de ſon parler, d'autant
qu'en peu de mots il conte-
noit beaucoup, & diſcernoit
par ſon ſubtil iugemét, le vray
du faux, & le droict du tort, ſi
que par ce moyen il iugeoit e-

quitablemét. Et bié qu'il euſt
vne grande puiſſance, il en ſça-
uoit vſer auec rant de prudence qu'il eſtoit la Prudéce meſ-
me tant il eſtoit deſireux de la
gloire immortelle qu'il s'eſt
acquiſe en s'acquittant tres dignement de ſa charge, prefe-
rant le bien du public à ſa pro-
pre vie, & l'on luy a ouy dire
ſouuent, qu'il n'eſtoit iamais
en repos qu'au milieu du tra-
uail, & que ce qui luy auoit
donné occaſion d'auoir diuer-
ſes charges en pluſieurs pro-
uinces, il l'auoit faict en imi-
tant ce grand & ſage perſon-
nage Solon, pluſtoſt pour ap-
prendre & ſçauoir tout, que
pour l'auarice, ny le deſir qu'il

eust d'acquerir des biens, ne se
glorifiât des choses terrestres,
s'il eust esté lors de l'Assem-
blée des Sages, à nul desquels
il ne ceddoit, le debat ne fust
deuenu en Delphe : car il eust
par dessus eux remporté le Tir-
pié en faueur de ses trois belles
charges qu'il a si sagement &
dignement exercée les vnes a-
pres les autres, ne participant
ny à l'iniquité & violence des
rigueurs, ny à la necessité des
pauures, faisant cognoistre
qu'il est plus vtile d'obeyr aux
Loix que les violer.

Ce qui fut cause que si tost
qu'il fut President au Parlement de Paris, plusieurs gens
de qualité se rengent au tour

de luy pour le careſſer, donnât
à cognoiſtre qu'ils le ſuyuôiét
pour l'excellence & ſinguliere
vertu qui eſtoit en luy, il auoit
le naturel grandement tem-
peré & eſgalement compoſé
de toutes les parties requiſes
à vn homme de ſçauoir qui
monſtraſt en ſes actions auoir
vn tres-bon ſens, l'ayant teſ-
moigné proche de ſa mort, la-
quelle ſemblable à celle de ce
Sage, qui laſſé du gouuerne-
ment de la choſe publique, ſe
retira chez ſoy où il mourut,
& comme il auoit touſiours
eſté conſtant, il ne s'eſtonna
de la mort.

Qui ne dira qu'il a gouſté
le plus grand bon-heur qui

peut arriuer à vn grand per-
sónage en sa vieillesse, & mourir d'vne mort naturelle, il n'a
ressemblé ceux qui se sont iet-
tez dans les grandes charges,
& qui auec grádes peines s'en
sont retirez : car il y a finy ses
iours sans passion, ny sans au-
cune cupidité , Dieu vueille
que nous ne nous apperçeuiós
d'vne perte si grande que trop
tard, & que l'on ne die de luy
les plaintes à la bouche & les
larmes à l'œil.

Il ne deuoit iamais estre né,
Ou il ne deuoit iamais mourir.

FIN.

EPITAPH.

NICOLAVS VERDVNIVS.

HA NVLLI VIRO SE-
CVNDVS.

Poligu. Conſ. Diuionenſ.

9 782013 498548